让孩子着迷的第一堂自然课
动物感官
DONGWU GANGUAN

童心 编著

化学工业出版社
·北京·

图书在版编目（CIP）数据

让孩子着迷的第一堂自然课．动物感官 / 童心编著．—北京：化学工业出版社，2019.4（2022.8重印）
 ISBN 978-7-122-33728-3

Ⅰ．①让… Ⅱ．①童… Ⅲ．①科学知识－青少年读物②动物－青少年读物 Ⅳ．① Z228.2 ② Q95-49

中国版本图书馆CIP数据核字（2019）第044785号

责任编辑：王思慧　谢　娣

责任校对：王　静　　　　　　　　　　　　　装帧设计：尹琳琳

出版发行：化学工业出版社（北京市东城区青年湖南街13号　邮政编码100011）
印　　装：天津画中画印刷有限公司
787mm×1092mm　1/12　印张4　字数58千字　2022年8月北京第1版第2次印刷

购书咨询：010-64518888　　　　　　　　售后服务：010-64518899
网　　址：http://www.cip.com.cn
凡购买本书，如有缺损质量问题，本社销售中心负责调换。

定　价：22.80元　　　　　　　　　　　　　　　　　　　　版权所有　违者必究

Contents 目录

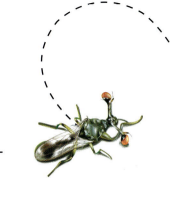

- 01 特殊的眼睛
- 02 弱视和感光
- 04 远距离搜寻
- 06 黑暗中的眼睛
- 08 动物眼中的色彩
- 10 碰触交流
- 12 水中捕捉声音
- 14 震动
- 16 耳朵的位置
- 18 大耳朵的用途
- 20 提高警惕
- 22 奇特的耳朵
- 24 触须的功能
- 26 灵敏的嗅觉
- 28 特殊的味觉和嗅觉
- 30 温度感知能力
- 32 紧紧相拥
- 34 变换色彩
- 36 重力
- 38 磁场和电场
- 40 压力
- 42 平衡感

这条比目鱼平卧在海底,它身体的颜色和周围的环境融合得很好,非常不容易被发现。它的双眼注视着周围,等待小鱼虾靠近,然后将它们捕获。

特殊的眼睛

在特殊的环境中,动物们必须拥有结构特殊的眼睛,这样才有助于捕食和逃避敌害。

比目鱼是海洋中一种两只眼睛长在身体同一侧的奇特鱼类。你知道吗?比目鱼特殊的眼睛不是与生俱来的,刚孵化出来的小比目鱼的眼睛是在身体两侧,当它长到3厘米左右时,眼睛开始移动,渐渐越过头部的上缘线,直到接近另一只眼睛为止。比目鱼藏在海底的细沙里伏击猎物,这样,处于身体同一侧的双眼就起到了非同一般的作用。

蜻蜓长着鼓鼓的大眼睛;狼蛛长着八只大小不一的眼睛;突眼蝇的眼睛通过两只长柄伸向体侧;变色龙眼睛周围的皮很厚,有环状的褶皱,眼球突出。这些眼睛都很特别,充满神秘感,它们都有哪些作用呢?

不同的分工

狼蛛长着八只眼睛,排成三列,它们各有分工:中间的两只大眼睛主要用来锁定目标;后列的两只眼睛主要用来观察体侧和身体后方的情况;上列一排四只小眼主要观察物体的移动。这八只眼睛弥补了狼蛛的头不能上下左右及向后自由转动的不足。

成千上万只眼睛

从外观上看,蜻蜓只长着两只突出的大眼睛,事实上,这两只眼睛由无数只小眼睛组成。蜻蜓是世界上眼睛最多的昆虫。它的眼睛很大,几乎占据了整个头部,每一只小眼睛都和视觉神经相连,使视野更加开阔。突出的眼睛可以轻而易举地观察到周围的动向,时时锁定猎物的方位。

灵活地转动

变色龙的眼睛向外鼓着,呈锥状,周围有环状的褶皱,可以灵活地伸缩。最特别的是,变色龙的两只眼睛可以独立向不同的方向转动,它可以在保持身体纹丝不动的情况下,清楚地看清周围的环境。

像触角一样

眼睛长在从头部伸出的长柄上是突眼蝇科昆虫最主要的特征,如果你不仔细观察,一定会误认为伸出的长柄是触角呢。毫无疑问,这样特殊的眼睛结构能够清楚地将周围的变化收入眼中。对于雄性突眼蝇来说,这样特殊的眼睛还有吸引雌性配偶的作用,眼间距越宽,就越能让雌性突眼蝇钟情。

弱视和感光

感受光线的变化

蚌把身体藏在两瓣紧紧扣在一起的贝壳里。它们附着在岩石上，滤食水中的微小生物。蚌的生活看上去简单平常，是不是就不需要眼睛呢？不是的，蚌需要简单视觉的帮助，因为有很多捕食者对它们垂涎已久。在蚌壳的边缘有很多小小的感光点，能够感受光线的明暗变化，当有捕食者的身影掠过时，它们便快速地合拢贝壳。

很多动物天生就缺乏一双敏锐的眼睛。这些动物中的大部分成员是自然界中的低等居民，其他一些则是因为眼睛退化才导致几乎什么都看不见。那么，它们是不是就无法存活下去呢？鼹鼠是我们非常熟知的一种动物，它的眼睛退化得很小，藏在皮肤下面，所以视力非常差。鼹鼠在地下钻来钻去，凭借着敏锐的嗅觉以及感受泥土的震动来觅食。鼹鼠不敢暴露在强光下，就连透透气也只是在洞口光弱的地方。还有一些动物，它们虽然没有眼睛，但是身体上有感光点，这些感光点的作用就相当于眼睛，能够及早发现危险。由此可见，没有眼睛的动物也可以很好地在自然界中生存。

眼睛变小圆点

盲蛇因体型细小，善于挖洞而经常被人误认成蚯蚓。盲蛇的眼睛已经退化了，变成了两颗小圆点，不能成像，但有很强的感光能力。盲蛇生活在阴暗的环境中，主要捕食蚂蚁和白蚁，也会吃它们的卵和幼虫。

喜欢黑暗

蚯蚓是一种常见的陆生环节动物，生活在土壤中，昼伏夜出，以动物粪便和有机废物垃圾为食。蚯蚓没有眼睛，但它能通过皮肤的感光点来感知光明和黑暗。当蚯蚓晚上在地表上爬行时，只要用手电光一照，它便迅速钻进泥土中。

眼睛退化

盲鱼的祖先常年生活在没有光线或光线极暗的洞穴暗河中，随着时间推移，眼睛因无用武之地而退化，便演化成了今天的盲鱼。盲鱼的眼睛虽然什么都看不见了，但它的其他感觉器官却特别发达，所以捕食能力也非常强。

感光眼

草履虫是一种圆筒形的单细胞原生动物，生活在有机物丰富的池塘、河流和湖泊中。它们身上生长着感光眼，能感受到光线的变化，通过与其他器官配合完成游动和捕食。

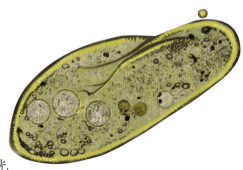

鼹鼠因为经常不见天日,所以十分畏惧强光,一旦长时间接触阳光,它的中枢神经就会紊乱,各器官运行将会失调,甚至导致死亡。

远距离搜寻

注意动向

秃鹫在高空中翱翔。它们密切地关注着猎豹、狮子以及猎狗群的动向。猎食者在地面上捕猎的表演全被秃鹫看在眼里，可是，它们并不在乎表演有多精彩，而是在乎猎食者能留下多少残羹剩饭。秃鹫以猎食者丢弃的猎物和腐尸为食。

如果你问什么动物看得最远？我相信很多人会告诉你是鹰。不错，鹰是动物世界中的千里眼，是世界上视力最强的动物。鹰在距离地面几百米、上千米高的空中飞行，它用敏锐的双眼能观察到地面草丛轻微的颤动——一只肥胖的野兔正在草丛中窜来窜去。多么美味啊！鹰早已忍不住诱惑，大口吞咽着口水。

它合拢翅膀向下俯冲，准备将这只野兔擒获。很显然，野兔已经意识到了危险的存在，它拼命地逃跑。然而，对手太强大了，奔跑已经救不了它的命了。这只野兔成为了鹰和其子女们的美味早餐。生活在非洲热带草原上的秃鹫、长颈鹿和猎豹的视力也很好，它们的视力和特殊的身体结构有关。

避光的"泪痕"

猎豹是非洲草原上最优秀的猎手。当发现猎物时，猎豹会迅速奔跑，以最快的速度将它捕获。很显然，在快速奔跑中牢牢地盯住猎物不是一件容易的事情。从猎豹的眼角沿鼻子两侧一直延伸至嘴角的两条黑色泪痕状毛发，对猎豹视物有很大的帮助。这两条"泪痕"可以减小太阳强光对眼睛的刺激，从而使猎豹的视野变得宽阔。而大尾巴起到了平衡作用，以防止摔倒。

空气中的味道

很多猎食者有敏锐的嗅觉。食草动物的身上会散发出一些气味，尽管不是很浓烈，但猎食者还是能够嗅到。这也能帮它们发现千米之外的猎物，所以发现远距离目标不只是眼睛可以做到。

个子高，看得远

长颈鹿生活在危险重重的非洲草原上，尽管它们有一定的自卫本领，但选择逃跑永远是逃生的上上之策。为了能够及时逃生，及早发现危险至关重要。长颈鹿的脖子非常长，所以它能看得很远，加上大大的眼睛，使它很容易发现远处的捕猎者。可见，长成高个子是多么好啊！

鹰的视力很好,爪子也很粗壮,并且脚掌上有像砂纸一样粗糙的皮肤,这样便使摩擦力增大,能更牢地抓住猎物。

黑暗中的眼睛

夜空猎手

夜鹰在夜间出来捕食，一双大眼睛在黑暗中闪闪发亮。夜鹰缓慢鼓动翅膀飞翔于树间，用网兜一样的嘴将蚊子和蛾类一网打尽。夜鹰能够大量捕食蚊虫，因此又被称为"蚊母鸟"。

在黑暗的环境中，人类的眼睛就像被蒙住了一样，无法准确辨别出周围的事物，所以人类选择白天工作而晚上休息。然而，很多动物相反在黑夜中变得十分活跃。眼镜猴是一种极小的灵长类动物，它长着一对特别大的眼睛。如果你在黑夜中见到这种动物，那么你一定会被它的大眼睛吓到。眼镜猴白天躲起来睡大觉，到了晚上才出来捕捉昆虫吃。它的大眼睛能收到更多光线，从而使它在黑夜中能清晰地辨别出周围的环境。夜行动物中，猫是我们最熟悉的。白天，猫躺在阳光充足或温度高的地方"呼噜噜"地睡大觉，到了晚上才四处搜寻老鼠。猫的瞳孔可以随光线的强弱变化扩大或闭合：在强光下，猫眼的瞳孔可以变成一条细线；在黑暗中，猫眼的瞳孔会张得又大又圆。

深海鱼的大眼睛

深海水域是一片冰冷的水域，那里没有来自太阳的光线，也没有声音。在深海生活的鱼类如果想生存，它们必须有在黑暗中视物的能力。所以深海鱼都长着又圆又大的眼睛，能收集深海中微弱的光，深海中的小鱼小虾会发出微弱的光亮，因此长着大眼睛的深海鱼便能够轻易地找到食物。

黑夜捕食

鼯鼠是一种会滑翔的哺乳动物，它在夜晚出来活动。鼯鼠能用大眼睛发现远处树上的昆虫，然后靠皮膜翼滑翔而下并将它们捕获。

变大的瞳孔

猫在夜间出来捕食，它的食物主要是老鼠，有时也会捕食鸟类和其他小型哺乳动物。猫把瞳孔张得很大，聚拢黑暗中微弱的光，所以夜视力非常强，但要是完全无光的环境，它就什么都看不见了。

眼镜猴的双眼就像戴着一副旧式老花镜一样。它眼球的直径能超过1厘米,每只眼球重达3克,比脑子还重。

动物眼中的色彩

喜欢亮丽的色彩

在自然界中，雄鸟凭借光彩夺目的羽毛来吸引异性和它交配。鸟类的视觉比较好，能辨别出颜色，所以才能在众多竞争者中选出羽毛最亮、最艳丽的那位帅哥。雄性极乐鸟倒挂在树上，展示漂亮的羽毛，吸引雌性的注意。

人类的视网膜上有一种视锥细胞，对色彩非常敏感，所以我们才能辨别出丰富的色彩。人们一直在质疑，动物是否也能辨别出色彩呢？经过长期的研究得到一个结论：动物中只有一些成员能辨别出部分颜色，其中，鸟类辨别色彩的能力较强，而大部分爬行动物和哺乳动物都是色盲。

在无脊椎动物家族中，章鱼的眼睛进化得最完美。和人类的眼睛差不多，章鱼也能够辨别出五颜六色，所以它看到的世界是彩色的。章鱼是很会伪装和拟态的动物，所以看清环境和分辨出周围的颜色很重要。

与人所见不同

蜜蜂会对不同颜色的花朵做出反应，但它们眼中的颜色和人类所见不同：人类眼中的绿色在蜜蜂的眼中是白色的；人类眼中的红色在蜜蜂的眼中是黑色或深灰色的；人类眼中的白色在蜜蜂的眼中却是蓝色或蓝绿色的。

红色对公牛毫无意义

在斗牛场上，斗牛士用红布挑逗公牛，公牛疯狂地顶撞。难道公牛对红色真的很敏感吗？事实上，公牛和狗一样，对色彩的感知力很差。面对晃动的红布，公牛感觉自己受到了威胁，所以才会发动攻击。繁殖期的公牛脾气更加暴躁，只要它觉得对自己构成了威胁，即使你没有用红色刺激它，它也会顶撞。

灰白的世界

人们一直认为狗有着超越人类的视觉。其实，狗的视觉大约只有人类的四分之三，无法分辨各种色彩。当一只花公鸡站在它面前的时候，狗却只能看到阴影一般的成像。但狗能通过嗅觉感知前面站着一只公鸡，其灵敏度位居各畜之首。

在很短的时间内,章鱼就能够改变皮肤颜色变得和周围的环境一模一样。当受到惊吓的时候,章鱼皮肤的颜色会变得十分鲜艳。章鱼也用变色来和别的章鱼打招呼。

碰触交流

用声音和摩擦交流

海豚是很聪明的动物，它们在海洋中集群生活。海豚用声音和摩擦身体的方式来与同伴交流。海豚很擅长合作，它们合力把鱼群赶到浅海处，然后用身体拍打海水制造恐怖的声音，趁鱼群慌乱的时候将它们捕获。

在人类的交往中，握手、拥抱、碰鼻、拥吻都是常用的表达感情的方式，这些方式可以打破彼此的戒备，让关系变得更加亲密，互信度也会提高。可见，碰触交流的方式是非常重要的。在自然界中，动物也会这样做。

每年繁殖期一到，成群结队的雌海狮聚集在温暖的海岸上准备产下自己的孩子。小海狮出生了，它的运动能力很弱，由妈妈叼着在海岸上移动。海狮妈妈的乳汁很浓，而且含有丰富的脂肪，小海狮2～3天才吃一次奶。雌海狮产仔5个星期以后便下海捕食，隔2～3天回来一次给小宝宝喂奶。

海狮妈妈在庞大的海狮群中找到了自己的宝宝，它们再次相聚了，海狮妈妈按捺不住见到孩子的激动情绪，轻轻地亲吻着宝宝，而海狮宝宝则在妈妈的身体上蹭来蹭去，听妈妈讲海洋中的故事。

联络一下感情

火烈鸟是一种身上披着红色羽毛的鸟，它们生活在湖泊和近海地带，主要以小鱼虾和浮游生物为食。小鱼虾的身体里有虾青素，是导致火烈鸟羽毛变红的原因。火烈鸟经常把脖子交叉缠绕在一起嬉戏，这是联络感情的最好方式。

表扬和美食

你有接触过小狗吗？它是不是经常在你的身边绕来绕去，还会不停地在你的身上蹭来蹭去呢？它可不是想往你的身上沾点儿毛，而是想告诉你它很乖，想请你给它一点表扬或美食。

增进感情

天鹅一雌一雄结成终身伴侣。天鹅夫妇经常用不同的行为来增进感情，有时两喙相触，有时体贴地互相梳理羽毛，有时还会两头相靠静静地在水面上漂浮。

海狮妈妈每次只产下一个孩子，而怀孕期却长达1年之久。所以，海狮妈妈非常疼爱自己的孩子。

水中捕捉声音

大部分海洋动物都靠发出的声音和同类或其他动物交流,其中,鲸和它们的亲戚海豚是海洋中的语言大师。在寂静的夜晚,我们能在平静的海面上听到它们发出的声音,如"吱吱"声、打嗝声、"唧啾"声和婉转的歌唱声。有时,它们还发出人类无法听到的低频声音。它们发出的不同声音有着不同的含义,使它们在迁徙的路上不会迷路。围捕猎物时,还可以靠声音彼此传递危险和求救信号或者发出攻击指令等。

座头鲸最会"唱歌",因此被人们称为海洋中的音乐家。它们季节性地往返于世界不同地区。每次迁徙开始时,雄性座头鲸会悠然地大声唱歌,和其他成员互通信息。座头鲸也会通过美妙的歌声寻找配偶,雌座头鲸会寻着声音找到自己心仪的伴侣。

回声围猎

海豚在围捕猎物的时候,会不断地发出声音,使得成员之间时刻保持联系,以保证把握最佳的出击时间。海豚发出的声音作用很大,它们能从回声中分析出猎物的位置、猎物的大小以及猎物的数量。

彼此呼唤

鱼类也能发出声音。像生活在美国大西洋沿岸的石首鱼,它们会在捕食过程中用声音彼此呼唤。而蟾鱼会为了保护卵而发出能听得到的呼噜声和"呱"声。

吵闹的叫声

白鲸以叫声变化多端而闻名,它们能发出几百种声音,在海面上都能清晰地听到,人们称它们为"海中金丝雀"。同时,这种发声也是同伴之间的交流方式。

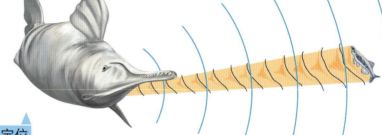

回声定位

有一些江豚生活在浑浊的河水中,加上本身视力就很弱,所以捕食和游泳变得很困难。江豚有一套绝妙的探路方法:它发出声音,当声波在传播过程中遇见障碍物反射回来时,它从声波中就能知道物体离自己有多远了。这种方法称为"回声定位"。

座头鲸常用鳍或尾巴拍打水面制造声音，或跃出海面，用身体撞击海面造声，这些声音主要用来吸引雌鲸。

震 动

像死了一样

很多捕食者不喜欢吃死掉的猎物，所以一些甲虫会利用装死来蒙蔽捕食者。当受到震动惊扰时，甲虫会迅速进入表演状态，腿僵直地伸着，一动不动，就像死了一样。

妈妈回来了

大部分鸟类刚出生时，全身光溜溜的没有羽毛，眼睛看不见东西，耳朵也听不见声音。那它们是怎样知道妈妈回来了呢？当麻雀妈妈带着食物回来降落在巢边时，雏鸟会根据周围的震动断定是妈妈回来了。它们就会迫不及待地张开嘴，并不停地喊："妈妈，喂给我！"

正常人都有很好的听觉，能够听到很多外界的声音，但绝不是所有的声音都能纳入耳中，比如低频声音，我们就只能感觉到它的震动。在这方面，动物比人类要强很多，它们能够感觉到这些细微的震动。对于动物们而言，震动从远处传来，同时也带来了宝贵的信息。它们会仔细分析震动带来的信息并作出相应的反应，如果是猎物出现，那么它们就会伺机捕捉；如果是危险降临，那么它们会快速逃离。

蝎子的视力不好，它靠螯上的绒毛来感觉附近的震动，从而锁定目标的位置。除此之外，蚁狮、蜘蛛也靠震动捕捉猎物。甲虫凭借震动感受危险的来临。雏鸟通过震动确定妈妈是否回来了。

感应震动

蜘蛛把网织好以后，便偷偷地藏起来等待猎物。它把腿放在蛛丝上，随时接收猎物落网的消息。一只倒霉的苍蝇不小心撞到蛛网上，拼命地挣扎使蛛网产生了震动。猎物落网了！蜘蛛沿着蛛丝快速向网中心移动，用蛛丝把苍蝇缠住，然后将毒液注入，再把含溶解酶的唾液注入伤口，等它的肉化成"汤"以后，蜘蛛就可以饱餐一顿了。

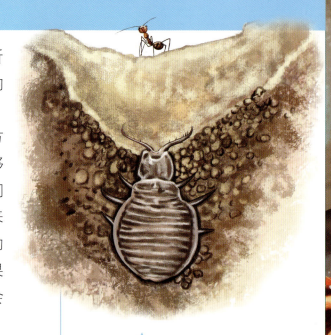

使用陷阱

这是蚁蛉的幼虫，叫蚁狮。蚁狮也靠震动捕捉猎物。它在干燥的沙质地表上挖一个漏斗状的陷阱，然后用大颚不断弹抛沙土，使陷阱周围变得松软、陡峭。当小昆虫步入陷阱时，蚁狮会根据沙土震动得知猎物上门了，于是它继续弹抛沙土，让猎物随流动的沙子滑进陷阱中。蚁狮隐藏在陷阱底部，用大颚把猎物抓住并吃掉。

蝎子的尾巴上长着一根毒刺,非常锋利。当它靠近猎物以后,迅速用"钳子"将猎物夹住,然后尾巴向前弯曲,用毒刺把毒液注入猎物体内。

耳朵的位置

触角听声

蚊子的耳朵长在两根触角上。它每根触角的第二节中藏有一个收集声音的器官,能将外界传来的声音传到中枢神经。蚊子在飞行时不停地抖动触角,就是在倾听周围的声音。

是不是所有动物的耳朵都长在头部呢?答案是否定的。很多动物的耳朵长在你意想不到的地方:蚊子的耳朵长在触角上,蟋蟀的耳朵长在小腿上,飞蛾的耳朵大多长在胸部,蝗虫的耳朵长在腹部……

一些生活在地表的动物主要通过身体来听声音。蛇的头部没有外耳,也没有耳孔和中耳,因此它无法听到空气中的声音。但蛇有发达的内耳,只要地面上稍有震动,声音就会通过它紧贴地面的肋骨,再经过头部骨骼传到内耳,并能迅速地作出反应。

用肚子听

蝗虫的耳朵长在腹部第一节的左右两侧,看上去像是两个半月形的裂口。它在振翅飞行时,耳朵完全暴露在外面,听觉因此特别灵敏。

长在腿上

蟋蟀的耳朵长在前脚的小腿上,呈裂缝状,叫鼓膜器,里边有特殊的"录音器"——感觉细胞,贯穿着神经。雌蟋蟀能清晰地听到雄蟋蟀演奏的求爱曲子。

水中的震动

鱼虽然没有外耳,但它们对水中的震动非常敏感。鲤鱼的听觉特别灵敏,因为它的耳朵和鱼鳔之间由三块小骨头连接着。当水中极为微小的声波振动透过身体传到鱼鳔的时候,会产生共鸣而被放大。被放大的声波通过这三块小骨头传到耳朵里。因此,鲤鱼的听觉比别的鱼更灵敏。

耳朵在胸部

飞蛾的耳朵大多长在胸部,也有长在腹部的。有趣的是,夜蛾的胸(腹)部到处都是耳朵,每只耳朵只有两个细胞。夜蛾就是依靠这种能探测超声波的感觉细胞来躲避蝙蝠的。

蛇在隐蔽、潮湿的杂草丛中休息,当有大型动物出现在附近时,它便迅速逃到更安全的地方。

大耳朵的用途

能收到细微的声音

大耳蝠的耳朵呈椭圆形,特别大,能够收到更多回声,从而预测出猎物和自己之间的距离以及猎物的大小。大耳蝠是一种凶猛的食肉蝙蝠,它能快速将猎物捕获并用锋利的牙齿将其咬死。猎物死后,它会把猎物带到安静的地方慢慢享用。

声音是物体发生振动产生的。声音通过空气、液体和固体向四周传播。耳朵是动物的听觉器官,它能将声波收纳并传入大脑。动物们外耳的大小和形状完全不相同,那么听到声音的大小和外耳的大小有关系吗?经过研究发现,长着外耳的健康动物都能够具备基本的听力,而大大的外耳会使一些动物的听力变得更强,没有外耳的动物则通过其他方式收集声波并传入内耳。

大象是陆地上最大的动物,它的耳朵也是陆地动物中最大的,所以它能够听到从很远地方传来的声音,比如伙伴或幼仔的呼唤声。大耳蝠、兔子以及生活在非洲干燥炎热沙漠地带的耳廓狐都长着大耳朵,它们都有很好的听力。其实,大耳朵还有很多其他用途,现在我就来慢慢讲给你。

把耳朵转向不同方向

兔子是我们最熟悉的动物之一,它们长着一对大耳朵。兔子非常机灵,只要听到一点动静便逃之夭夭。它们能做出如此敏捷的举动,大部分功劳要归功于它的大耳朵。兔子的耳朵可以直立或转动方向,确保不漏掉一点风吹草动。

大耳廓的好处

耳廓狐的大耳朵能在黑夜中捕捉微弱的声音,从而使它能轻易地发现猎物。当灌木丛中传出声音,耳廓狐迅速把耳朵精确地转向发出声音的方向。它能根据声音快速判断出猎物的位置并将其捕获。耳廓狐的耳朵还能帮助它散掉体内多余的热量。

耳朵小扛冻

北极狐生活在寒冷的极地,它的耳朵非常小,而且覆盖着厚厚的皮毛,这使它能很好地保存体内的热量。由此看来,动物耳朵的大小和生存的环境有很大的关系。

大象的汗腺不发达,所以在炎热的夏季身体散热很困难。大象的耳朵上没有毛,遍布血管,这样能帮助身体散热。大耳朵还能当扇子用,在炎热的天气里给它们带来一阵阵凉风。

提高警惕

在危险重重的自然环境中,任何一种动物都很可能会受到其他捕食者的攻击,所以,无论是在休息的时候,还是在觅食的时候,动物们都要注意观察周围变化,提高警惕。动物们是怎样多方面观察敌情的呢?黑犀牛身体魁梧,四肢粗壮,在鼻梁上还长着看上去很危险的尖角。它时刻保持高度警惕,一方面提防捕猎者,一方面小心其他成员入侵领地。黑犀牛的领地意识很强,总是疯狂地攻击来犯者。黑犀牛的眼睛很小,视野窄、看不远,吃草时,它充分利用嗅觉和听觉仔细地观察周围。斑马的眼睛很大,视野宽阔而且看得远。变色龙的眼睛会转动。猫头鹰转动头部就能看到身后。双髻鲨的眼睛长在头侧突出部位的两端,所以能看得更广。

同时向不同方向看

变色龙的双眼十分奇特,眼帘很厚,一圈一圈地叠在一起,眼珠向外突出。最奇特的是,变色龙的眼睛上下左右转动自如,左右眼能同时向不同的方向转动。分工明确的双眼对变色龙捕食和逃避猎食者都非常有利。

摆动头部

双髻(jì)鲨是海洋中疯狂的掠食者。它的形象看上去非常怪异,头部宽大扁平,像一把锤头。眼睛长在"锤头"的两端,这使它们只要稍稍摆动一下头就能看到四周发生的情况。

宽阔的视野

斑马和很多食草动物的眼睛都长在宽阔的头部两侧。这使它们的视野变得很宽阔。低头吃草时,它们不需要抬起头也能清楚地看清周围的情况。大大的眼睛能将前方及两侧的情况一览无余。

可以向后转的头

猫头鹰的眼睛非常大,但眼球不能像人类一样灵活地转动。那么它该怎样了解身后的情况呢?难道必须调整身体的位置才行?如果是这样,那该多麻烦啊!猫头鹰长着特殊的颈椎结构,头部可以左右旋转270度。所以,它只要转动头部就能观察到身后啦。

黑犀牛的鼻梁上长着两只角，但并不坚硬，而且容易折断，不过折断后会长出新的角。

奇特的耳朵

耳朵一般由外耳、中耳和内耳三部分组成，但动物外耳的大小、形状及内耳的结构都不一样，甚至有的动物没有外耳。很多动物的耳朵非常特别，有的根本不具备耳朵的基本特征，比如水母的耳朵。水母是一种大型浮游生物，整日在大海里随海浪漂浮，居无定所。

它们长着多条像飘带一样的触手，上面长有毒刺细胞。在触手中间的细柄上有一个小球，里面有一粒小小的"听石"，这是水母的"耳朵"。当快有风暴发生时，"听石"早早地就能捕获信息，从而使水母躲避风暴的伤害。水母的身体里有一个特殊的腺，可以产生一氧化碳气体，使身体膨胀。当遇见大风暴时，它们会排掉身体中的一氧化碳气体，沉入海底。等到一切恢复平静后，水母只需要几分钟就又可以膨胀并漂浮起来。

没有外耳的鸟类

鸟类没有外耳。鸟类的耳朵是两个孔洞，在眼睛的后下方，被羽毛覆盖着。因为没有外耳集中声波，便无法确定声音的来源和方向，所以鸟类必须经常摆动头部来锁定声音。雌性大山雀能听到雄性大山雀唱出的求爱歌曲。

不对称的耳朵

猫头鹰是一种夜行鸟类，它的耳朵很特别，左右耳不对称，左耳道明显比右耳道宽阔，且左耳有发达的耳鼓。猫头鹰的面部长着密密的羽毛，形成一个圆圆的面盘，能够像雷达一样侦测微弱的声音，并传到耳朵里。这样特殊的耳部结构使猫头鹰能准确地捕捉到黑夜中的声音。

通透的耳朵

壁虎的听力在蜥蜴类中最好。壁虎的两耳之间只有一层细软的耳膜，与敏感的中耳相连，其他什么都没有。当你从它一侧耳孔看进去时，可以穿过另一侧耳孔直接看见外面。

海狮的小耳朵

为了不增加游水的阻力，很多海洋动物都没有外耳。海狮是个特例，它的头上还长着5厘米大小的外耳。海狮的外耳是否能够帮助它捕捉更多的声音信息呢？我们还不是很清楚。海豹和海狮的外貌很像，但海豹的耳朵只是一个小孔洞，所以看耳朵的结构是分辨海豹和海狮的简便方法。

水母必须生活在水中。水母身体里的含水量达98%,所以它们的身体看上去几乎是透明的。

触须的功能

测量的功能

猫的胡须长在上唇两边的肉垫上，长短不一，非常坚硬。在黑夜中，猫用胡须收集信息，感知自己所处的环境，侦测猎物的动向。猫还用胡须测量自己能否通过窄缝和洞，只要两边不会碰到胡须，它就可以轻松通过。

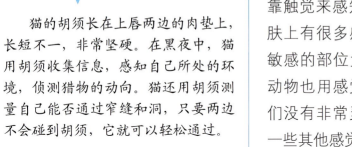

动物和人一样，在日常生活中主要依靠触觉来感知周围的世界。我们人类的皮肤上有很多感应细胞，在一些特别敏感的部位尤其集中，比如手指。动物也用感觉器官感知事物，但它们没有非常灵活、敏感的手指，而是使用一些其他感觉器官。

在本篇内容中，我要向你介绍动物很特殊的触觉感应器——触须。鲶鱼的嘴巴周围长着长长的肉须，很容易让人想起猫，因此大家喜欢称它为"猫鱼"。鲶鱼生活在满是淤泥的河流中，在水中前进的时候，肉须扫过河底来帮助它感知周围的环境变化以及发现食物。猫、海狮、龙虾、海象都长着触须，但生长的部位不一样，主要用来感知周围的环境变化以及觅食。

敏感的触须

龙虾的身体被一节节坚硬的甲壳包裹着，这说明它身体的触觉并不敏感。那么龙虾怎样感知周围的变化呢？这要多亏它的触须了。龙虾的头上有一对长长的多节的触须，不停地摆来摆去，极其敏感，以获取外界的信息。

胡须当眼睛

海象的皮肤非常粗糙，所以一点儿都不敏感。海象喜欢吃蛤蜊。它潜到海底，用长牙把埋藏在淤泥里的蛤蜊挖出来。此时水变得很混，眼睛无法看清，所以它必须用胡须来分辨哪个是蛤蜊，哪个是泥土。

具有辨声功能

海狮生活在海洋中，是一种我们熟知的海洋哺乳动物。它的嘴唇两侧长着胡须。胡须是海狮的触觉器官，非常灵敏，不仅能够感知周围的环境，还能辨别出几十里以外的声音，比耳朵都灵。

鲶鱼属夜行性动物,白天静静地藏在河底的坑里或树根下,到了夜晚才出来捕食。它主要捕食小型鱼类。

灵敏的嗅觉

在空气中漂浮着的气味会传递很多信息，如果动物们想得到这些信息，那么它们必须长一个灵敏的鼻子。灵敏的嗅觉会帮助动物们找到食物和发现危险。在我们熟知的动物中，一致认为狗的嗅觉很棒！不错，狗的鼻子确实很灵。狗有2.2亿个嗅觉细胞，是人类的45倍，能分辨出大约200万种不同物质发出的浓度气味。

狗一边闻着气味一边往家走。狗在赶路的时候，总是隔一段就用尿液做个标记，因此无论它走多远都能找到回去的路。人类充分利用狗灵敏的嗅觉，把它们训练成特殊的战士，帮助完成搜救工作和缉毒任务。

对血腥味敏感

提到海洋中凶残的杀手，那么鲨鱼自然是榜上第一。它凶残无比，捕杀一切它觉得美味的动物。鲨鱼的嗅觉非常灵敏，哪怕数千米范围内只有少量血液，鲨鱼都能迅速察觉并作出追踪反应。鲨鱼采用"先咬后放"的方式捕捉猎物。它先猛咬猎物一口，然后放开，等猎物失血过多死亡后，再返回吃掉。

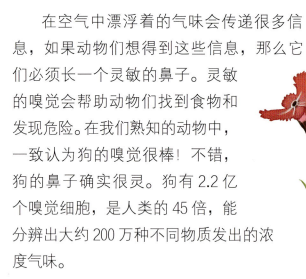

对气味做出反应

有些昆虫的嗅觉器官很灵敏。蝴蝶的嗅觉器官主要分布在触角和腿上。它能靠灵敏的嗅觉循着花香找到香甜的花蜜。为了交配，雄蝴蝶会凭着嗅觉追踪出很远找到雌蝴蝶。

判断食物好坏

松鼠既可爱又勤劳，每年冬季来临之前，它们都忙忙碌碌地收集坚果，以备寒冬食用。松鼠的鼻子很灵敏，只要把坚果拿起来闻一闻，它就会知道哪颗坚果成熟，哪颗坚果已经腐坏，甚至还会发现哪颗坚果没有果仁。

凶猛的水虎鱼

水虎鱼是一种极为凶猛的鱼类。在浑浊的河水中，水虎鱼只能看到不足1米远的地方，所以它们需要靠震动和嗅觉找到食物。受伤的动物跌落水中，血腥味让水虎鱼兴奋，它们蜂拥而至。水虎鱼群抢食动物尸体，很快便将猎物啃食精光，只剩下光秃秃的白骨。

距今大约1.5万年前,人类将灰狼驯化成今天的狗,并为人类生活服务,被称为"人类最忠诚的朋友"。

特殊的味觉和嗅觉

我们用嗅觉辨别物质挥发出不同的气味。鼻子是嗅觉采集器。鼻腔内部潮湿的表面能吸收化学物质并产生反应，从而辨别出味道。味觉感受器分布在舌头上或口腔的其他地方。味觉是一种近感，嗅觉是一种远感，两者有紧密的关系。动物在生活中都离不开嗅觉和味觉。虽然我们人类的嗅觉系统能辨别出多种气味，但远不如动物的嗅觉敏感，使用的方法也没有它们多。

科莫多巨蜥和其他爬行动物一样，都是贴着地表爬行的，空气中的味道很容易和土壤中的味道混在一起。在爬行的过程中，它们的舌头不断地伸出来又收回去，品尝周围的味道，以便识别环境和找到吃的东西。蛇的嗅觉器官和蜥蜴一样；狗熊用鼻子嗅到味道；苍蝇和天牛的嗅觉与味觉器官长在特殊的位置上。

闻味儿的舌头

蛇不断快速地探出舌头来采集空气中、水中和地面上的气味微粒，它们的口腔壁上有小坑一样的感觉细胞——雅各布森氏器官。这些采集到的气味微粒能帮助它们定位食物、避开猎食者以及追踪雌性留下的踪迹。蛇的外鼻孔能嗅到空气中飘散的气味，这些气味提前警告了蛇前方是否有危险。

眼睛近视鼻子灵

熊的视力不佳，高度近视，所以素有"熊瞎子"之称。它们的嗅觉很灵敏，能闻到空气中细微的血腥味，也能辨别出食物是否有毒。熊的行动很缓慢，并一边走一边嗅周围的气味。气味可以帮它们发现远处的食物和危险。

综合感受器

昆虫的触角是一个综合感受器，有味觉、触觉、嗅觉和听觉的功能。可以感知到潮湿度、温度、光照和化学刺激等。这只天牛正在用触角仔细分析空气中雌性留下的气味。

用脚品味

苍蝇脚上和嘴上的毛是它的味觉器官。发现食物以后，苍蝇会先用这种特殊的味觉器官品尝一下味道，然后再用海绵嘴吸食。长在头上的触角是苍蝇的嗅觉器官，它能侦测到空气中的气味。

科莫多巨蜥的唾液中含有大量细菌，被它们咬伤的动物会感染而死。而同伴们会嗅着死尸发出的气味找到猎物。

温度感知能力

发现寄主

水蛭以恒温动物的血液为食。它们大部分生活在水塘和稻田中，也有一部分生活在热带雨林中。它们对热量非常敏感。水蛭爬到低矮的草木上，一旦感觉有恒温动物经过便会跳到它们的身上。

哺乳动物（包括人）都是恒温动物。也就是说，在正常环境中以及正常活动情况下，我们的身体会保持一个恒定的温度，大约是37℃。鸟类也是恒温动物，因为身上披着羽毛，所以在冬天也不会感觉特别寒冷。昆虫、鱼和爬行动物都是变温动物。通常情况下，温度越高，变温动物活动就越方便。当温度不断降低时，变温动物的行动也会变得迟缓，所以寒冬时节变温动物会进入冬眠。当然，一些哺乳动物也会冬眠，比如熊。动物会感受到温度的变化，从而做出各种各样的反应。

生活在马达加斯加岛上的环尾狐猴过着群居生活。每天清晨，环尾狐猴就一排排地相邻而坐，摊开前肢，闭上眼睛，尽情地享受着早晨的第一缕阳光带来的温暖。这温暖的阳光会帮它们驱除一夜的寒气，使身体变得暖和。

闪电般的反应

虱子是一种吸血昆虫，个头只有针尖大小。这种吸血昆虫曾经是人类身上最常见的寄生虫。虱子能根据温度找到寄主。当虱子感觉到有可供它吸血的动物靠近时，它会瞬间做出反应，跳上去美餐一顿。

空调设备

白蚁冢内部建有进风通道、排气通道和地下排水通道，就像一套空调设备。新鲜空气从进风口流入，然后沿内部通道扩散到整个蚁冢，而污浊的空气则从另一侧的排气通道排出。白蚁通过调整通道口的大小来调整蚁冢的温度，使位于中心的蚁后室的温度正好保持在30℃。

发现要害部位

蛇的身上长着很多对热量敏感的凹槽，能感受到微弱的热量变化。寒冷的时候，蛇凭借热感应器寻找热源来取暖。另外，热感应器还能帮助它判断猎物的动向，甚至定位动物体内最热的部位——心脏的位置。

环尾狐猴长着一条长尾巴,上面有黑白相间的环状花纹,它们因此而得名。

紧紧相拥

有安全感

狼宝宝出生以后，它们要在洞穴中度过很长一段时间。小狼五六个星期大的时候，狼爸爸和狼妈妈会外出捕猎，小狼会趁机溜出来玩耍，看一看外面的世界。当狐狸等动物经过时，它们会挤在一起，龇牙恐吓对方，并发出"呜呜——"的低吼声。这时，它们挤在一起会感觉很安全。

人类是一种社会化物种，智商很高、感情丰富，平时喜欢彼此之间拥护和陪伴。有的时候，我们牵牵手，拥抱一下或紧紧地靠在一起，就会感到欣慰和舒适。其实，动物也很享受相拥的感觉。当面对突如其来的危险和恶劣的自然变化时，动物也会紧紧地相拥在一起。麝牛生活在寒冷的北极苔原地区，也就是阿拉斯加、挪威、格陵兰以及加拿大北部等地。它们身上披着长长的毛，在平原和多岩石荒地游荡，在严寒的环境中苦苦求生。麝牛的繁殖力很低，很多小麝牛在乳毛未干时就被冻死了，所以麝牛妈妈非常疼爱自己的孩子。绝大多数时间里，麝牛妈妈会和小麝牛靠在一起，这样小麝牛就会感觉温暖一些。小狼宝宝和企鹅宝宝会挤在一起等爸爸妈妈回来；小鸡会藏在妈妈的身体下面；冬眠的瓢虫也会挤在一起。

聚集在角落里

我们会发现这样一个现象：冬天，在窗台上或一些温暖的角落里，一些瓢虫挤在一起冬眠。这样做有哪些好处呢？也许是这个角落足够温暖，适合越冬；再或许是它们挤在一起能让彼此消除孤独感。

和妈妈在一起

刚刚出生的鸡宝宝，对外面的世界感到很陌生，总是偷偷地从妈妈的身体下面探出头来张望。等它们稍大一些，便会跟在妈妈的身后找吃的。但休息的时候，它们还是会钻到妈妈的身体下面。

挤在一起很温暖

小企鹅刚出生的时候，父母会轮流照顾它们。等到它们稍长大一些，父母就会外出觅食。小企鹅们会紧紧地挤在一起，用彼此的体温互相取暖。

小麝牛出生后一小时之内就能行走。当狼群发动袭击的时候,成年麝牛会头朝外围成一个圈,把小麝牛围在当中保护起来。

变换色彩

与环境保持一致

比目鱼栖息在海底,它尽量将身体的颜色保持得与泥沙的颜色一致,猎食者和猎物便很难发现它。

人类为了能巧妙地融入周围的环境,于是制作了迷彩服装,主要用于军事。一些动物比人类强很多,它们的"隐身术"独一无二,甚至是在瞬间完成的。变色龙是动物界中当之无愧的"色彩变化大师"。变色龙在树上攀爬,突出的双眼能准确地辨别出周围环境的色彩,从而不停地变换身体的颜色,使自己融进不同的环境中。变色龙尽量使身体的颜色和周围保持一致,在强光下会变得很亮,在夜晚则变得暗淡,如果不仔细观察,那么你一定很难发现它,或者错误地认为它是一片树叶或一段枝干。像章鱼和珊瑚鱼这两种动物,它们身体的颜色变化几乎是在瞬间完成的。还有一些动物的身体颜色是因季节变化而变化的,有一定规律,比如北极狐。变换身体颜色是动物逃避危险、自我保护的常用方法,大部分动物都喜欢用这种方式。

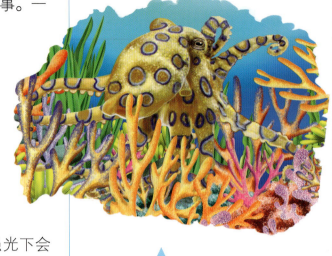

逃避危险

美丽的珊瑚礁吸引了很多海洋居民。一个珊瑚礁能够养育400多种鱼类。丰富的食物资源也吸引了众多捕食者纷纷前来。为了能够生存,珊瑚鱼靠变色和伪装来躲避敌害。它们可以在游动的过程中就完成体色变化,足够以假乱真。

还能摆造型

章鱼凭借着好眼力能辨别出周围的色彩。它能变换身体的颜色从而融入周围的环境中。更有趣的是,章鱼还能摆一些造型,让它们看上去像一簇美丽的珊瑚或一堆闪光的砾石。

和季节有关

北极狐生活在北极地区。一年中的大部分时间里,北极到处都是白雪和冰层,北极狐会根据大环境的变化而换上不同颜色的皮毛。冬天,北极狐的身上披着白色的皮毛,而等夏季到来,部分冰雪融化,一些植物也长出来了,这时北极狐会换上褐色的皮毛。这样做是为了能隐身于周围的环境。

变色龙前后晃动着身体向前缓慢移动着，看起来更像是在风中摇曳的叶子。它们舌头的长度是自己身体的 2 倍，其捕食速度快如闪电。

重 力

挣脱重力束缚

鸟类扇动翅膀产生的升力必须大于自身所受的重力才能飞起来。大雁很善于飞行，它们利用上升的气流提高升力，从而挣脱重力的束缚。一些翅膀小的鸟类必须快速扇动翅膀才能飞起来。而翅膀宽大的秃鹫和鹰只要轻轻扇动几下翅膀就能飞出几千米。

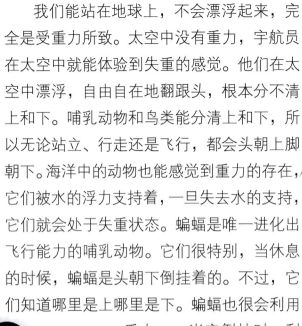

我们能站在地球上，不会漂浮起来，完全是受重力所致。太空中没有重力，宇航员在太空中就能体验到失重的感觉。他们在太空中漂浮，自由自在地翻跟头，根本分不清上和下。哺乳动物和鸟类能分清上和下，所以无论站立、行走还是飞行，都会头朝上脚朝下。海洋中的动物也能感觉到重力的存在，它们被水的浮力支持着，一旦失去水的支持，它们就会处于失重状态。蝙蝠是唯一进化出飞行能力的哺乳动物。它们很特别，当休息的时候，蝙蝠是头朝下倒挂着的。不过，它们知道哪里是上哪里是下。蝙蝠也很会利用重力——当它倒挂时，利用身体自然下垂的力量向下拉动肌腱，使爪子牢牢合拢，丝毫不消耗体力。

怎样克服重力

蟑螂向上爬行时，它用前脚的脚趾拉，用后脚的脚后跟推；而向下爬行时，则用前脚的脚后跟推，后脚的脚趾拉。用这样的方式来克服重力，使它们可以在墙壁上自由行走。

上下颠倒了

很多动物能通过光的方向来判断上和下，因为光一般是从上边照射下来的。还有一些动物的身体里长有特殊的感觉器官，能辨别方向。如果你把一只甲虫背朝下放置，那么它会立刻挣扎着翻过来。甲虫的身体里长有辨别上下的器官。乌龟和龙虾背朝下放置时也会做出这样的反应。

随波逐流

水母没有鳍，所以不能像其他鱼类那样拥有方向感。它只是每天随波逐流。不过，它在游动时能够始终保持身体直立。

蝙蝠倒挂着休息对再次起飞非常有利。当起飞时,它只要松开爪向下坠落,然后顺势张开皮膜翼便可顺利飞起。

磁场和电场

地球会形成一个大磁场，称为地磁场。很多动物靠感应磁场来辨别方向。鲑鱼是一种大型鱼类。每年的秋季是鲑鱼的繁殖季节，它们集大群上路了，逆流而上，回到淡水流域产卵。鲑鱼群靠感应地磁场找到正确路线回到淡水中。鲸鱼搁浅死亡也是一个很好的例子，它们因没能正确感应到磁场而迷失方向，最后困死在海滩上。

你知道吗？所有动物，包括人类的肌肉都能产生微量电流。有几种鱼进化出了一种特殊的器官，有储电和放电的功能，就像电池一样。它们用电流捕获猎物和攻击敌人。电鳗是放电能力最强的淡水鱼类，生活在浑浊的亚马孙河中。当你试图要接近它时，它会释放出强大的电流，足以将人击晕。

磁场引路

小海龟在海滩上出生。它们根据光和磁场的提示找到海的位置。海龟一生中都离不开磁场，它们根据磁场提供的信息在海洋中游动，且方向感很强。每到繁殖季节，它们会回到出生地产卵，神奇的是，无论它们在海洋的哪个角落，都能找到回去的路线。

电流探路

电鳗释放少量的电流探路，而当发现青蛙或其他鱼类时，便会释放大量的电流将它们击晕。

强大的电流

电鳐的身体扁扁的，就像一把吉他。它们的腹面上分布着蜂窝状的放电器。电鳐能瞬间释放出220伏特的电流，将其他鱼类击晕，这样猎物就无法逃脱，它便可以慢慢地享用美餐。

雷达网

电鱼生活在淡水溪流和湖泊里，靠捕捉昆虫和泥土里的小虫子为食。它们能够释放电流使自己的周围形成一个雷达网一样的电场。昏暗、浑浊的河水使它们无法看清周围的情况，而此时的电场则能第一时间提醒电鱼周围是否有东西靠近。

准确辨别方向

鸽子是一种神奇的鸟类，曾在战争中立下过不小的功劳。鸽子无论飞多远都能找到自己的家，从不会迷路。经过一系列行为试验，证明它们具有磁性感知能力。

洄游的过程中，鲑鱼不仅要逆流，还要翻越水流湍急的瀑布，这使它们消耗了大量体能，所以产完卵后便死去了。

压 力

浮上来，沉下去

大多数硬骨鱼类都有鱼鳔，长在脊柱骨附近，形状不一。鱼鳔中充满气体，鱼类通过收放肌肉和摆动鳍来增加鱼鳔中的空气或释放空气，从而完成上浮和下潜。鱼鳔中氧气含量最多，在缺氧环境中，鱼鳔可以作为辅助呼吸器官。

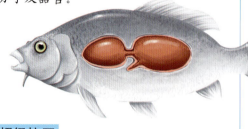

超级抗压

即使穿着潜水装备，在 200 米深的水下工作时，潜水员也会显得很困难。然而海狮却能轻松地潜入到 300 米深的水中，因此人类常训练海狮，让它们从事深海打捞工作。一头美国特种部队训练的海狮，曾在 1 分钟内将沉入海底的火箭找到，帮助人们取上来，人类付给它的"报酬"只是一点乌贼和鱼。

海鸥是一种常见的海洋鸟类，它们成群在海上漂浮、觅食，或在海洋上空自由翱翔。水手会根据海鸥的行为判断天气的变化——如果海鸥贴近海面平静地飞行，那么说明未来几天天气晴好；如果海鸥沿海岸徘徊飞行，那么未来几天天气可能会变坏；如果海鸥远离远海，成群聚集在沙滩上或躲藏在岩石缝隙中，那么预示着暴风雨即将来临。这是因为海鸥的骨骼是中空的，里面没有骨髓，充满空气，就像气压表一样，能感觉气压的变化，从而感知天气的变化。气压一直压在我们的身上，在高海拔或低海拔的地方都能感受到气压的存在。

水中也有压力，称为"水压"。人类无法下潜到更深的海中，就是因为身体无法承受水下巨大的水压。很多海洋动物能够轻松地潜到距水平面 300 米以下的地方，有的甚至还能潜得更深。

充气上浮

鹦鹉螺是一种古老的海洋软体动物。白天，鹦鹉螺排出壳内的气体，大门紧闭，平静地躺在海底；夜晚，它往壳内充进气体，使身体浮上水面。人类根据鹦鹉螺的提示制造了第一艘核潜艇，被命名为"鹦鹉螺"号。

潜水冠军

抹香鲸是海洋动物中的潜水冠军。它们常潜到距海平面 2000 多米深的地方捕捉乌贼，而且一次能待上几个小时。抹香鲸的血液中溶解着大量氧气，当肺中的氧气耗尽时，身体各器官就会用血液中的氧气维持运转。它们的身体结构非常特殊，能承受巨大的水压。

喷水前进

章鱼能把大量水吸入身体中，然后用巨大的体内压力把水排出，形成一股强大的反作用力，这种力量能让章鱼像射出的箭一样快速逃离。

海鸥成群快乐地飞行,以小鱼虾为食,它们还经常吃掉人类丢在海洋上的食物垃圾,所以被称为"海港清洁工"。

平衡感

剪刀状的尾巴

燕子的身上长着平滑的羽毛，能够减小空气阻力，是世界上飞得最快的鸟类之一。燕子长着剪刀状的尾巴。它们在飞行中捕捉昆虫，不仅要上下翻飞，还要急转弯，这时它们通过摆动尾巴来使身体平衡。

平衡棒

大部分昆虫长着两对翅，而苍蝇和蚊子却只有一对，那么它们的另一对翅膀哪儿去了呢？其实，苍蝇和蚊子的另一对翅膀已经退化成了一对像哑铃状的平衡棒了。平衡棒能在苍蝇和蚊子飞行的时候保持身体平衡。

人类具有很好的平衡能力，而体操运动员的平衡能力比一般人要强，能做出很多高难度的动作。动物也有很好的平衡能力，在奔跑、飞行、跳跃以及攀爬的过程中都以平衡感来矫正姿势。善于攀爬的动物其平衡感会比地栖动物强。松鼠是活泼可爱的小动物，喜欢在高大的树木上生活。苍鹰袭来，松鼠感到大难临头，它必须快速逃跑才行。松鼠先绕着树干快速向上爬行，然后沿着向外伸展的树枝疾速奔跑，最后它奋力一跃，跳到了一个茂密的树冠中。在整个逃跑过程中，松鼠的尾巴起到了平衡身体的作用。猫从高处跌落安然无恙，燕子可以在快速飞行时急转弯，鱼能在水中自由游动，而苍蝇则能快速盘旋，这些都与平衡感有关。

鱼鳍的作用

鱼一般都长着腮鳍、胸鳍、背鳍、腹鳍和尾鳍。大部分鱼的体内都有鱼鳔，能使鱼上浮和下潜。而鱼身上的鳍则是它们的平衡装置和动力装置，在鱼上浮、下潜及游动时保持身体平衡以及提供动力。

从高处跌下

猫从高处跌落时总是脚先着地。在不小心从高处掉落下来时，即使是肚皮朝上，猫也能迅速转体让脚先着地，使自己不受伤。它先是把脑袋转过来，然后是身体，同时伸出脚，让自己稳稳地着陆。因为在跌落的过程中猫能准确辨别出上和下，它们拥有着特殊的平衡能力。

松鼠能用一只爪子握住树干或用尾巴缠绕住树干使自己悬挂起来。